Apprendre les Fruits

Ce livre appartient à:

____

Glorya Phillips

Raisins

Cerises

Canneberges

Framboise

Fraise

Prune

Pêche

Abricot

Banane

Orange

Clémentines

Citron

L'ananas

Kiwi

Pomélo

Pomme

Poire

Melon

Figues

Dattes

Kaki

Jacquier

Litchi

Grenade

**Merci de nous avoir choisi.
Nous espérons que vous avez apprécié
notre livre.**
Votre avis est important pour nous,
s'il vous plaît dites-nous comment vous avez aimé
notre livreà l'adresse :

glorya.phillips@gmail.com

www.facebook.com/glorya.phillips

www.instagram.com/gloryaphillips